OSTÉOPHONIE

L'ENSEIGNEMENT
ORTHOPHONIQUE
AU CONSERVATOIRE NATIONAL DE MUSIQUE
ET DE DÉCLAMATION
DE PARIS

L'ENSEIGNEMENT
ORTHOPHONIQUE
AU
CONSERVATOIRE NATIONAL
DE MUSIQUE ET DE DÉCLAMATION DE PARIS

PAR

E. COLOMBAT (de l'Isère)
Officier d'Académie
Professeur à l'Institution nationale des Sourds-Muets
Professeur au Conservatoire national
de musique et de déclamation

La bonne articulation des mots est la probité
du chant et de la déclamation.

PARIS
P. ASSELIN, SUCCESSEUR DE BÉCHET JEUNE ET LABÉ
Libraire de la Faculté de Médecine
PLACE DE L'ÉCOLE DE MÉDECINE
—
1873

L'ENSEIGNEMENT
ORTHOPHONIQUE
AU CONSERVATOIRE NATIONAL DE MUSIQUE
ET DE DÉCLAMATION
DE PARIS

Parmi les diverses représentations scéniques qui flattent notre esprit, il en est peu qui exercent sur l'âme un charme aussi puissant que celles où la musique prête son concours. L'éclat de la représentation théâtrale, les harmonieux accords de l'orchestre s'emparent rapidement de nos sens et nous apportent les calmes jouissances dont les beaux-arts conservent seuls le secret.

D'où vient donc que ce charme soit parfois troublé par une dissonance étrange ? — Il suffit d'avoir assisté aux représentations théâtrales pour connaître les impressions opposées que l'on ressent au moment où l'âme ne demanderait qu'à se laisser captiver par les accents de l'artiste. C'est que trop souvent celui-ci oublie qu'il ne doit pas seulement rendre la mélodie avec ses nuances et ses agréments, mais aussi faire saisir à l'auditeur, par une bonne articulation des mots, le sens des paroles qui ont servi de thème au compositeur.

On entend dans un opéra des sons graves, de suaves accents, des notes ravissantes, des trilles admirablement cadencés ; mais la pensée qui a inspiré ces tons mélodieux et ces phrases musicales, et qui devrait ressortir en paroles retentissantes, pourquoi nous la voiler ? Les péripéties émouvantes qui se chantent, les mouvements tumultueux de la passion, les espérances, les désirs, les inquiétudes, les luttes, tout ce monde de sentiments qui s'agite, se heurte ou s'unit dans un drame et qui se trouve formulé par les paroles, pourquoi le plus souvent devons-nous le chercher à travers la musique ? — Pourquoi ne nous est-il pas permis, en subissant le charme du son, de suivre le dialogue dans toutes ses répliques et les émotions des personnages dans tout leur développement ?

Le manque d'articulation des mots n'est point particulier seulement au chant. Ce défaut, moins développé sur les scènes dramatiques, s'y retrouve cependant à un degré assez appréciable dans la comédie, dans le drame, comme dans la tragédie. La négligence à cet égard est peut-être moins explicable. Il suffit d'un passage mal entendu pour dérouter complètement l'auditeur et, en distrayant son attention, amoindrir l'intérêt qu'il apportait à l'œuvre représentée devant ses yeux. D'un autre côté, les romances, les airs, les cavatines, les duos perdent une grande partie de leur valeur dès que l'auditeur n'entend plus les paroles.

Si les artistes savaient de quelles malédictions les accablent les spectateurs qui sont obligés de *traduire* les paroles qu'ils chantent, assurément ils songeraient à donner à ces paroles la valeur rigoureuse qui leur est due, et à satisfaire tout à la fois l'auteur du livret et le compositeur de l'œuvre lyrique. Il ne faut pas l'oublier, les paroles d'un opéra sont comme une explication dont la mélodie est le tableau.

Mais, dira-t-on, la musique seule peut suffire à tout indiquer; et le ton, le rhythme, le mode, la cadence, les mouvements de l'orchestre, joints au jeu des acteurs, à la mise en scène, font surabondamment saisir le fond et l'action du drame, comme les péripéties des scènes font saisir les passions et les sentiments des personnages,

Nous ne le pensons pas; cette objection, toutefois, a sa valeur et nous devons y répondre.

Sans doute, la musique, par les mille moyens dont elle dispose, peut et doit traduire le sens intime des passions humaines, comme elle doit aussi indiquer et déterminer les milieux visibles où s'agitent ces passions; c'est là son plus beau privilége d'exprimer le mouvement progressif de nos sentiments et les sensations qui naissent du lieu où se passe l'action; sans doute aussi les illusions de la scène doivent figurer les situations et les principaux détails de la fable dramatique, mais faut-il oublier pour cela le puissant effet de la voix nettement articulée et vigoureusement accentuée, quand elle est accompagnée du chant?

Le compositeur, s'inspirant de la donnée dramatique, retrace, il est vrai, dans une série de mélodies, de récitatifs, de symphonies, les sensations des personnages; mais encore devons-nous au moins saisir clairement et sans fatigue les mots du livret. — Ces paroles, qui sont l'expression immédiate des passions, évitent à l'auditeur le soin de rechercher ce qui a servi de motif à la musique et, facilitant la comparaison entre le sens littéraire et le sens lyrique des modulations, lui font, dès lors, comprendre rapidement le rapport intime que le compositeur a su rendre. Autrement, à quoi bon des scènes chantées? Si le compositeur supposait que l'expression musicale pût suffire à traduire les idées qu'il veut rendre, il n'assujettirait pas son talent à une forme quelconque de paroles rhythmées et, s'abandonnant aux inspirations mélodieuses qui chantent en lui, se contenterait des symphonies destinées à être exécutées par les instruments.

Mais, non; il sait que dans la voix humaine se trouvent une énergique puissance de force, une incroyable richesse de sympathie, et voilà pourquoi les plus grands maîtres de la musique se sont tous voués, dans un heureux esprit d'émulation, à faire valoir ce précieux instrument qui exerce sur tous les hommes une influence dont la puissance s'accroît et varie suivant les circonstances.

Emerveillé de cette action secrète qu'exerce sur l'âme le souffle humain, le compositeur n'a pas hésité à consacrer les meilleurs moments de son inspiration musicale à la création de rôles chantés ; il a voulu faire concourir dans une même œuvre lyrique le charme puissant des différents registres de la voix unis à la parole pour arriver à la plus fidèle expression musicale des passions. Les paroles qui l'ont guidé doivent aussi guider l'artiste. Celui-ci doit s'efforcer de vaincre les difficultés de l'articulation sans regrets et sans opposition ridicule. Les mots saisissables à l'auditeur sont en quelque sorte l'âme visible de la musique, qui en renforce ou en diminue la valeur et l'expression. En dépit des obstacles qui peuvent se rencontrer dans la prononciation de certains mots, surtout dans les notes élevées, il importe que, dans sa première éducation musicale, l'artiste se mette en état de donner à son chant la netteté d'expression qui lui convient. L'étude de l'articulation vocale dans les genres lyrique et dramatique, mais principalement dans le genre lyrique, a donc besoin d'être plus sérieusement comprise et plus sérieusement dirigée.

L'éminent directeur du Conservatoire a compris tout le profit qu'il y aurait à tirer de ces études comme auxiliaire de l'art du chant et de la déclamation. Aussi, en 1871, sur son initiative, un cours d'orthophonie fut-il créé et annexé dans cet établissement pour le redressement, d'après la méthode du docteur Colombat (de l'Isère), des irrégularités de prononciation et des difficultés que rencontre l'appareil vocal pour l'émission régulière des sons dans la voix parlée et chantée.

Le cours d'orthophonie n'est point destiné, cela se comprend, à l'enseignement du chant, de la déclamation ni à la guérison des vices radicaux de la parole. Il a pour objet de faciliter à certains élèves des classes de chant, d'opéra, d'opéra-comique et de déclamation les abords de la carrière qu'ils désirent suivre, en leur enseignant le mécanisme de l'articulation, de la physiologie élémentaire de la voix, et des moyens pratiques pour se débarrasser de certaines articulations défectueuses qui pourraient les gêner dans leurs études. Ce cours nouveau vise également l'épuisement des organes phonateurs : il le prévoit et fournit le remède en distribuant les combinaisons rationnelles de la méthode orthophonique qui peuvent, à l'avance, aplanir les difficultés futures.

Ce que nous disons là détermine suffisamment la place que le cours d'orthophonie est appelé à tenir au Conservatoire.

C'est, pour les professeurs, un cours auxiliaire de leur enseignement supérieur, et pour les élèves un cours préliminaire et complémentaire de leur éducation.

Nous ne craignons pas d'affirmer que la rareté des voix dont on se plaint si justement depuis un certain nombre d'années, tient essentiellement au manque de direction rationnelle dans l'éducation première donnée à l'organe des personnes qui désirent entrer au Conservatoire. Trop souvent les plus heureuses dispositions organiques subissent un avortement fatal par des exercices, non-seulement prématurés, mais encore contraires à la vocalisation qui a une spécialité modulatrice tout à fait distincte de celle qui appartient à un instrument inorganique.

Tous les jours ne voit-on pas encore des jeunes personnes et des jeunes gens pour lesquels cette prudence élémentaire de ménager les organes vocaux est une chose absolument inconnue, et qui, cependant, s'ils ont entre les mains un instrument de musique précieux, savent le traiter avec toutes sortes de ménagements et reconnaissent qu'il faut bien se garder de le surmener, de crainte de le fausser ou même de le briser? Pourquoi donc ne tient-on pas le même raisonnement à l'égard de la voix, que nous pouvons, à plus forte raison, au point de vue de la fragilité, comparer à ces instruments? Au contraire, il semble que l'on ait eu presque toujours la manie de vouloir assimiler le mécanisme du larynx à celui des plus vigoureux instruments de musique, tandis que l'organe de la voix est un instrument *sui generis*, inimitable par l'art industriel, parce que les principes de l'organisme animal ne pourront jamais être communiqués à un instrument mécanique.

Dans l'étude de la voix il est de la plus haute importance de n'exercer les jeunes élèves que sur des morceaux de chant qui soient tout à fait dans leurs registres et qui ne les exposent pas, par des efforts trop grands et trop prolongés, à perdre les heureuses dispositions qu'ils pouvaient avoir pour le chant.

Le mécanisme de l'articulation normale des mots dans le chant demande une éducation toute particulière, car le fonctionnement de l'appareil vocal varie suivant que l'on parle ou que l'on chante. Ce point, qu'il est très-important d'établir, n'a pas encore été indiqué d'une manière nette et absolue.

Dans le chant on passe d'une note à une autre plus grave ou plus aiguë, souvent sans s'arrêter sur les sons intermédiaires qui les séparent ; ces mouvements alternatifs d'élévation ou d'abaissement que nous rencontrons dans la musique et qui sont déterminés par les notes, n'ont aucun rapport avec les degrés d'augmentation ou de diminution d'intensité de la voix parlée ; ici le son vocal se soutient toujours sur le même ton et s'enfle, diminue, monte ou baisse, en parcourant graduellement les nuances les plus imperceptibles de la déclamation ; les sons émis, au point de vue de l'acoustique, sont inappréciables et indivisibles mathématiquement.

La langue française, dont la sonorité n'égale pas celle des autres langues méridionales et qui n'a pas l'accentuation énergique et vigoureuse des langues du Nord, exige des soins spéciaux pour que, surtout sur les scènes lyriques, les paroles soient saisies immédiatement par les auditeurs. Si l'on chantait une même phrase musicale avec des paroles traduites dans les principales langues d'Europe, la différence serait énorme à l'oreille pour l'harmonie et la douceur. La langue italienne et la langue hollandaise, prises pour les deux extrêmes de la comparaison, suivraient une marche progressive dans l'ordre suivant : italien, grec moderne, portugais, espagnol, français, allemand, anglais, hollandais. La différence des climats influe probablement sur le goût des nations, comme sur la nature des langues.

Il y a entre notre cours et les classes du Conservatoire la même différence que celle qui existe entre la personne qui accorde un instrument et le professeur qui enseigne à s'en servir. En effet, ce n'est pas précisément dans les classes de chant et de déclamation que l'on peut entrer dans l'analyse du mécanisme phonique des mots de la langue.

Il n'est nullement question, dans notre enseignement, de donner des conseils sur la diction et la modulation, ni d'indiquer aux élèves les conditions diverses qui doivent faire valoir leur jeu par le geste ou par les attitudes. Si dans les exercices que nous indiquons nous sommes obligé de faire parfois chanter, dire ou déclamer, c'est purement au point de vue phonique que sont faits ces exercices. Il nous est indifférent de choisir tel ou tel passage, pourvu que les applications orthophoniques dont nous avons besoin s'y rencontrent. D'autre part, l'enseignement de l'articulation peut-il se faire dans les classes du Conservatoire ? Nous voyons tous les jours que cela est impossible. Les professeurs peuvent, sans doute, signaler à leurs élèves les irrégularités de parole dont ils sont affectés, mais ils ne sauraient songer à en effectuer le redressement, dans les moments si précieux et si bien remplis qu'ils consacrent à leur enseignement. Pour opérer ce redressement, il importe que ces élèves suivent une classe à part professée par un spécialiste, et les études *spéciales* au Conservatoire, loin d'être compromises, n'en seront que plus régulières et plus assurées. Le cours d'orthophonie diffère donc essentiellement des autres classes du Conservatoire, tant par le but qu'il poursuit que par les moyens qu'il emploie, et la démarcation est nettement établie.

La valeur de cette création ne saurait, d'ailleurs, être mise en discussion par aucun de ceux qui songent loyalement aux moyens pratiques de donner à l'art français tout l'éclat et toute l'extension qu'on est en droit d'attendre de lui.

Ce qui précède indique bien, pensons-nous, quels sont les élèves qui devront être désignés pour suivre le cours d'orthophonie. Nous pouvons les classer en trois catégories :

1° Tout élève qui est atteint d'un vice quelconque de parole n'entraînant pas absolument son exclusion des classes du Conservatoire ;

2° Tout élève qui rencontre dans l'émission ou dans l'articulation des sons des difficultés pouvant faire présager une fatigue prématurée de l'appareil vocal ;

3° Tout élève qui, n'ayant point de défaut de prononciation dans la voix parlée, a néanmoins une articulation anormale dans la voix chantée.

C'est seulement pour ces trois catégories d'élèves que notre cours est spécialement utile.

Une étude attentive de la voix nous a amené à reconnaître que, si bon nombre d'artistes dramatiques voient subitement l'organe vocal leur refuser en quelque sorte son service, et les obliger ainsi à s'arrêter au milieu de leur carrière, cela tient simplement à l'absence de procédés orthophoniques préalablement connus et méthodiquement appliqués. Il arrive, en effet, fréquemment, soit par un appétit immodéré de succès, soit par suite d'une ignorance regrettable de leurs ressources vocales, qu'ils veulent faire rendre à leur organe des éclats de sonorité en dehors de leur registre phonique et auxquels se refusent les forces de leurs poumons. Cette impuissance dont ils devraient plus que personne appréhender les effets morbides ne les arrête pas ; grâce à des efforts épileptiques, ils parviennent à rendre accidentellement des sons excessifs qui suscitent dans leur appareil vocal des troubles essentiels. Ce que nous disons là n'est malheureusement pas exagéré. Nous connaissons tous des artistes dramatiques d'un talent incontesté qui, après avoir surexcité outre mesure les organes de la voix, en sont arrivés à ne plus pouvoir obtenir les suffrages du public qu'au prix de ces luttes ignorées, et qui sont pris, en quittant la scène, de vomissements de sang occasionnés par des lésions organiques, suite naturelle de ces dangereux efforts.

Ces écarts de la voix, dus la plupart du temps à une faiblesse des organes vocaux, n'ont pas toujours des conséquences aussi désastreuses, mais soyons bien assurés que, tôt ou tard, ils peuvent y conduire. Il importe donc à l'artiste qui, malgré la faiblesse native de sa voix, ne craint pas d'aborder la scène, d'être toujours maître de ses moyens et de savoir habilement, même dans les passages les plus mouvementés, ne pas s'abandonner à des transports excessifs.

Les *voix factices* que prennent volontiers les artistes dont l'organe vocal est insuffisant vont toujours à côté du but qu'ils cherchent à atteindre; qu'elles soient gutturales, aiguës ou simplement fantaisistes, comme dans certains rôles de bas-comique, on peut être sûr que les intonations dont on voudra les faire vivre ne rendront jamais le caractère propre des personnages scéniques.

L'application de nos principes préviendra ces accidents funestes et ces mécomptes, en faisant donner aux organes de l'appareil vocal une plus-value normale et légitime qui n'affecte en rien la santé de l'artiste. C'est là certes une considération qui a sa valeur.

Rappelons en quelques mots les relations tout intimes qui existent entre la voix humaine et l'économie de tout notre être. Cette mystérieuse influence, qui se traduit de tant de manières par le timbre, par la voix, par le ton, par la précipitation ou la lenteur calculée des paroles, se manifeste extérieurement, quoi que nous puissions faire, et il est assurément possible de déterminer, lorsqu'on entend quelqu'un, les passions ou les sentiments qui l'agitent, l'état de santé même dans lequel il se trouve. Quelque restreinte qu'apparaisse au premier abord la distance qui sépare, du grave à l'aigu, les deux extrémités de l'échelle vocale, on ne peut s'empêcher d'être émerveillé en présence de ces mille variétés d'intonations correspondant à autant de mouvements de l'âme. En effet, s'il suffit à l'âme d'un espace restreint, le visage, pour exprimer les innombrables modifications dont elle est susceptible, il lui suffit également d'une échelle de tons relativement très-courte pour faire ressortir à l'oreille les émotions multiples qui l'agitent. Il n'est aucune de ces émotions qui ne trouve sa note correspondante et représentative dans la voix. Platon savait si bien que le son de la voix pouvait, jusqu'à un certain point, découvrir l'état moral des hommes, que, lorsqu'il voulait connaître ceux qui l'abordaient pour la première fois, il leur disait : Parlez afin que je vous connaisse.

Cette connexité que nous nous contenterons simplement de constater ici, et qui est une des plus merveilleuses preuves de la sympathie interne qui se manifeste entre tous nos organes, est d'une précieuse utilité pour le redressement de la voix parlée et chantée. Elle permet d'établir par comparaison les procédés orthophoniques qu'il est urgent d'appliquer, tant pour faire disparaître certaines irrégularités de diction que pour affermir ce qui pourrait être défectueux dans le fonctionnement des divers organes qui concourent à produire le son.

Grâce à une marche toute spéciale, nous arrivons progressivement à combler cette double lacune.

Avant d'aborder la théorie et la pratique de la méthode orthophonique, nous procédons dès le premier temps *à une gymnastique automatique, silencieuse et préparatoire de l'appareil vocal ;* tour à tour ou tout à la fois *pectorale, laryngienne, gutturale, linguale* et *labiale,* dont l'effet sur les élèves est en même temps physique et moral : physique, en agissant directement sur l'organe phonique ; moral, en débarrassant l'élève des justes appréhensions que faisait naître l'incertitude de ses premières études.

Cette gymnastique a pour but d'assouplir en quelque sorte les muscles inspirateurs et expirateurs, de les prédisposer graduellement et suivant les cas à l'émission régulière des sons, et à acquérir une bonne articulation dans la voix parlée et modulée. Grâce à cette manœuvre, une flexibilité réelle est constatée au bout d'un certain temps, surtout chez les personnes qui suivent tardivement les classes du Conservatoire. En effet, les muscles laissés jusqu'alors dans l'inaction vocalisante opposent à la volonté d'autant plus de résistance et de raideur qu'ils ont atteint leur entier développement. Outre qu'elle supprime les obstacles qui peuvent entraver l'orthophonie, elle est, d'autre part, d'une efficacité incontestable pour l'affermissement de tout l'appareil vocal. A cette gymnastique automatique succèdent des exercices spéciaux, accoutumant peu à peu l'organe de la voix au mécanisme artificiel, physiologique et naturel des sons. Il est aisé de se rendre compte de la bienfaisante progression que cette marche suivie méthodiquement assure aux élèves de la première, deuxième et troisième catégorie. Ces deux gymnastiques, la première automatique et silencieuse, la seconde phonétique, une fois terminées, *le principal enseignement orthophonique approprié par nous pour le Conservatoire est développé*, et alors, en se conformant aux règles que nous venons de signaler, il a pour lui des gages de succès aussi suffisants qu'on peut le souhaiter.

Nous ne pouvons ici, cela va de soi, qu'indiquer sommairement les principaux points de notre méthode. Cette méthode, essentiellement pratique et dont les multiples applications varient suivant les sujets qui sont appelés à la recevoir, peut se généraliser par la triple division dont nous venons de parler.

En établissant au Conservatoire national de Paris une classe de solfége supérieur pour les chanteurs, en introduisant un cours d'orthophonie, M. Ambroise Thomas a compris qu'il fallait développer l'éducation préalable et modérer l'impatience de certains élèves, en les fortifiant davantage par l'étude des éléments mêmes de l'art.

Cet établissement de l'État doit au pays qui le subventionne de favoriser, d'adopter et de déterminer de plus en plus les méthodes générales qui peuvent assurer le plus grand nombre de succès possible dans l'enseignement donné dans les classes.

Nous pensons que ces réflexions auront quelque empire sur le soin que les élèves mettront non-seulement à se pénétrer de la portée du cours d'orthophonie, mais encore à se préoccuper des moyens pratiques qu'il met à leur disposition.

Qu'il nous soit permis de rappeler ici des règles qui se relient très-intimement aux préceptes de notre méthode.

On l'a dit depuis longtemps, l'art du comédien est un art par excellence, et ceux qui veulent y réussir ne devraient négliger aucune des connaissances qui sont exigées pour les autres arts. Nous laissons de côté tout ce qui tient aux gestes, à l'expression de la physionomie, aux attitudes. Engel, Diderot, Gratiolet ont écrit là-dessus des pages précieuses et aussi étonnantes par la vérité des observations que remarquables par le charme du style.

Nous ne nous occuperons que de la voix. N'est-il pas hors de doute que, pour cette seule partie de leur éducation théâtrale, les élèves du Conservatoire ne devraient laisser échapper aucune occasion d'étudier ce que la médecine nous enseigne relativement à la physiologie élémentaire de la voix et à la prophylaxie des maladies de cet organe? Ces connaissances leur permettraient de se fortifier eux-mêmes en dehors du cours dans les parties faibles de leur voix.

Un des premiers points que nous signalons avec intérêt est l'art de l'*inspiration* et de l'*expiration* : on peut dire, sans crainte de se tromper, que cet art est l'âme même de la déclamation et du chant. Faire méthodiquement une inspiration à propos, sans se fatiguer comme sans fatiguer ceux qui vous écoutent, c'est là le premier secret ; car, on pourra donner alors à la voix pendant le travail de l'expiration toute sa puissance, toute sa vertu, tout le développement progressif dont elle est susceptible pour faire ressortir la vigueur, l'énergie de certaines phrases déclamées et chantées. Cette science qui décuple les forces de l'acteur rentre dans cette gymnastique automatique dont nous avons parlé.

Le besoin de l'inspiration et de l'expiration est une sensation interne qui précède et met en jeu tout l'ensemble des organes qui concourent à la respiration. Ce besoin est à la respiration ce que la faim est à la digestion.

A côté de la tenue qui est nécessaire aux artistes, suivant les rôles qu'ils veulent remplir, il importe que le jeu des muscles inspirateurs fasse l'objet d'une étude toute particulière ; sinon ils auront toujours à souffrir des maladies aiguës et chroniques de la poitrine et des organes vocaux proprement dits. Toutes ces affections sont occasionnées, en effet, la plupart du temps, par l'haleine qu'ils cherchent à retenir avec des mouvements pour ainsi dire épileptiformes et par les inspirations trop rares et trop brusques auxquelles ils ont recours.

La principale tâche de l'artiste dans la pratique de son art et sur laquelle on n'insiste pas assez, est de conduire graduellement son expiration dans l'émission de la voix. Cette habileté, de savoir ménager ses forces en ne distribuant l'air qu'à des doses savamment appropriées à l'intensité phonique, est une difficulté réelle pour la plupart des artistes. Combien n'en voit-on pas qui laissent échapper, dès le début d'une phrase, l'air qu'ils ont dans les poumons, et qui, en conséquence, n'ont plus de réserves suffisantes pour donner au *crescendo* de la passion dans le chant ou dans la parole toute la progression caractéristique de cette phrase?

En effet, comment exprimer un passage assez long si l'on ne sait mesurer proportionnellement ses expirations? L'interprète qui est assez peu ménager de ce qui est la cause matérielle de la parole, est obligé, par suite de « *l'halétement* » continuel auquel il a recours, de dénaturer le sens et la valeur des morceaux dramatiques. Par la continuité de cette contraction il émiette de plus en plus ses propres forces en fatiguant inutilement les muscles expirateurs jusqu'au moment où il subit les tristes résultats de l'aphonie atonique. Il est donc de toute nécessité de savoir inspirer à propos, d'expirer graduellement et de ne jamais essayer, par des efforts violents et des éclats de voix stridents, de dépasser l'étendue d'un registre.

Cette étude, que toutes les personnes qui se destinent au théâtre ne devraient jamais perdre de vue, serait d'un grand secours si elle était soigneusement faite, et contribuerait certainement à rendre bientôt moins rares les artistes possédant une voix étendue et flexible, car, souvent, ils perdent leur puissance par la direction imprudente qu'ils donnent à leur éducation vocalisante et phonétique.

Nous avons vu plus haut qu'on avait eu tort de vouloir assimiler complétement le larynx à un instrument de musique. Il y a entre l'un et l'autre la même différence qu'il y a entre un être vivant et un objet inanimé. L'un est actif, l'autre passif. La voix est animée d'un souffle vital interne qu'aucun son d'instrument ne possédera jamais ; les inflexions dont elle est susceptible lui donnent une valeur intentionnelle que ne pourra, dans aucun cas, acquérir l'instrument le plus parfait.

L'étude de ces inflexions de la voix doit être, au point de vue purement phonique et en dehors de toute espèce de travail de déclamation, la tâche première de quiconque se destine à l'art dramatique. Comme préparation à ce travail, il est hors de doute que les élèves qui ne seront pas arrivés à acquérir la précision voulue des divers sons de la voix feront bien d'apprendre à filer des sons orthophoniques. Outre qu'ils accoutumeront leur oreille à une connaissance plus exacte des sons élémentaires, ils arriveront graduellement à saisir les nuances les plus fines dans les inflexions des mots, inflexions qui varient à l'infini, suivant les passions, les émotions, ou simplement les intentions diverses des personnages. Par cela seul qu'une inflexion fausse change totalement le sens de la phrase et supprime l'effet que l'on veut produire, les élèves doivent attacher la plus grande attention à cet enseignement préalable.

Cette orthophonie des modulations dans la voix parlée est tellement indispensable que l'artiste qui ne s'y prépare pas par des exercices multiples court risque de rester un acteur fort médiocre. Par le caractère de ces intonations il fait connaître, de manière à ne pas les confondre, les sentiments qu'elles sont destinées à exprimer.

Il convient donc de consacrer à la manœuvre phonétique tout le temps dont on pourra disposer pour arriver à posséder une flexibilité telle de l'organe vocal, que l'on puisse distinguer les nuances les plus imperceptibles des intonations, et, de même que l'artiste musicien arrive à distinguer les différences en quelque sorte imaginaires qui existent entre deux commas, il faut que l'élève dramatique fasse ressortir dans sa diction ce que nous appellerions volontiers les commas des inflexions.

La nature ne fait point de sauts, dit-on, tout est progressif. Dans la gamme ascendante et descendante des passions, les différents mouvements de l'âme se traduisent dans la voix par une note correspondante qui est la note juste et indique formellement le degré précis de l'émotion.

Quelques détails à ce sujet :

Les mouvements de l'âme auxquels correspondent les intonations, les inflexions et le volume de la voix peuvent, à notre point de vue phonique et orthophonique, se diviser en huit classes auxquelles il sera facile de rattacher les autres sensations :

1° Dans l'admiration, l'enthousiasme, l'imprécation, l'âme communique à la voix l'ampleur des grandes passions ;

2° Dans la supplication, le repentir, les plaintes, l'âme se soumet et la voix s'abaisse ;

3° Dans le désir et tout ce qui s'y rattache, l'âme s'élance en avant, et la note correspondante de la voix prend une intonation violente et impétueuse ;

4° Dans la crainte, l'épouvante, etc.,

la voix se retire et indique que l'âme rentre en quelque sorte en elle-même ;

5° Dans la déférence, le respect, l'ironie, la flatterie, l'âme se contient et dirige intentionnellement ses mouvements; la voix suit la même marche ;

6° Dans la colère, dans la joie excessive, dans toute passion qui fait que l'âme ne se possède plus, la voix entrecoupée, inhabile à se diriger, dénote l'impuissance et la faiblesse du *moi*, qui se laisse envahir malgré lui ;

7° Dans l'incertitude, dans l'irrésolution, les fluctuations de l'âme sont marquées par l'hésitation de la voix;

8° Enfin, dans toutes les passions concentrées, telles que la haine, l'envie, la jalousie, les intonations brèves, saccadées et serrées, reproduisent ces mouvements de l'âme qui se replie et se roule sur elle-même, par dépit et comme pour se préparer à la lutte.

Toutes les affections de l'âme, à quelque genre qu'elles appartiennent, peuvent se ramener à ce classement. L'intensité et la nature de l'émotion seront marquées par l'intensité correspondante du son et par la précipitation ou la lenteur de la parole : on comprend d'ailleurs qu'ici nous ne puissions nous étendre sur ces diverses intonations. Nous n'avons à envisager le classement des sons qu'au point de vue exclusivement phonique.

C'est seulement après que les élèves se seront livrés à ce travail méthodique de la distinction des sons qu'ils auront la clef artificielle et naturelle des inflexions convenables dans le débit des morceaux. Ces exercices ne développeront pas uniquement leur organe vocal et auditif, ils développeront encore leur goût et leur jugement en les forçant à analyser physiologiquement la progression et la marche des passions trahies par les accents de la voix ; c'est là un travail psychologique qui ne manquera pas de donner, à l'art dramatique et aux artistes vraiment dignes de ce nom, un éclat et une autorité qui ne pourront qu'ajouter à la gloire de cet art. D'un autre côté, quand le professeur dira aux élèves : « Baissez ou montez la voix dans ce passage ; soutenez-la dans tel autre, » ils devineront d'eux-mêmes les motifs qui peuvent déterminer la différence de ces inflexions, et, cessant d'être souvent les simples imitateurs de ce qui s'est fait avant eux, ils se créeront une individualité marquée, qui les distinguera de la foule des artistes vulgaires, sans cachet propre, sans originalité.

Au sujet de ces inflexions, qui caractérisent dans l'art dramatique le mouvement progressif des passions dont les modulations sont l'expression dans l'art lyrique, rappelons, en passant, que ces deux arts sont au nombre de ceux que les Grecs appelaient *énergiques* et qui faisaient partie de cet ensemble de connaissances réunies sous le nom générique de *musique*.

Dans une brochure précédente [1], nous avons déterminé la différence qui existe entre le mot art chez les modernes et le mot musique chez les anciens, contrairement à l'opinion de quelques critiques contemporains qui avaient cru pouvoir affirmer que le mot musique des anciens avait la même extension que notre mot art. Il n'en est rien ; la musique chez les Grecs ne comprenait que les arts agissant par degrés et successivement sur l'auditeur et le spectateur, tels que la déclamation, le chant, la danse, etc. Or, remarquons-le bien, ce mot *énergique* indique l'effet progressif, continu, intense en dernier lieu, que l'art dramatique, comme l'art lyrique, doit produire sur le public.

---

[1] *De la musique dans ses rapports avec la santé publique.* — Asselin, éditeur-libraire.

En possession de la justesse et de la vérité des sons, les élèves devenus artistes arriveront droit au cœur des auditeurs, et, favorisant l'illusion théâtrale qui séduit si volontiers le spectateur, ils produiront ces émotions si douces et si pénétrantes qu'on vient leur demander.

D'après ce que nous venons de dire, on a pu voir que le jeu de chaque partie de l'organe vocal se trouvait sous la dépendance de la volonté, et qu'on peut à son gré varier la force, le ton et le timbre de la voix, de manière à produire les illusions vocales les plus extraordinaires et les plus variées. Pour rendre ces effets il faut étudier la voix de l'homme sous quatre rapports : 1° comme *son simple*, tel que le cri des enfants; 2° comme *son articulé*, tel qu'il est dans la parole ordinaire; 3° comme *son modulé*, dans le chant qui ajoute à la parole le son musical, formé de vibrations isochrones; 4° enfin, comme *son esthétique*, dans la déclamation, qui est tout à la fois une modification de la voix modulée et de la voix parlée, puisqu'elle peut s'unir à l'une ou à l'autre, ou en être retranchée.

Un organe agréable est certainement le meilleur don que la nature ait pu faire à ceux qui veulent entrer dans la carrière lyrique et dramatique; chez les femmes surtout, cette suprême qualité paraît indispensable : aussi les artistes qui, sous ce rapport, ont été favorisés, doivent-ils prendre mille précautions pour rester le plus longtemps possible en possession de ce précieux instrument.

Personne n'ignore que l'aphonie ou extinction de la voix est un des écueils les plus redoutables de la carrière théâtrale.

L'aphonie atonique, à laquelle nous faisions allusion plus haut, résulte de la faiblesse ou du manque de ressort des organes modificateurs ou producteurs de la voix, et a le plus souvent pour cause l'exercice prolongé de la déclamation, du chant et même de la parole ordinaire. Lorsque cette affection commence à se déclarer, les artistes qui s'en trouvent atteints, nous n'avons pas besoin d'insister sur ce point, doivent d'abord suivre les prescriptions de leur médecin. Lorsque l'aphonie atonique est à peu près dissipée et que la voix a repris son timbre normal, il importe qu'ils se livrent d'abord à un exercice modéré et automatique des organes vocaux, d'après la méthode orthophonique. Si le malade est chanteur, il ne doit pas chercher à chanter de longs morceaux de musique, mais seulement à s'exercer sur des gammes, d'abord dans le médium, puis dans les notes basses et le faucet [1], suivant son organisation vocale; s'il ne

---

[1] Nous écrivons faucet avec un *c* au lieu de deux *ss*, parce que nous n'admettons pas l'étymologie des lexicographes qui écrivent fausset comme venant de faux, opposé de juste. Nous trouvons cette orthographe plus rationnelle et plus conforme à l'étymologie du latin *fauces, faucium*, la gorge, le gosier. — J.-J. Rousseau. — Dr Colombat (de l'Isère).

chante pas, il doit lire, parler ou déclamer à haute voix, sans faire aucun effort et en cherchant à imiter la déclamation du récitatif ou à produire des sons qui se rapprochent autant que possible de la gamme chantée. Cet exercice, qui doit toujours être modéré et fait méthodiquement, a pour but de fortifier les organes vocaux, de même qu'un léger exercice rétablit les forces épuisées d'un convalescent.

Entrons maintenant dans la description des différentes irrégularités de la parole qui se retrouvent le plus fréquemment parmi les élèves du cours d'orthophonie :

1° *Le grasseyement et ses six variétés* qui consistent, soit à articuler dans l'arrière-bouche ou de toute autre manière défectueuse la lettre *R*, soit à lui substituer le son d'une autre lettre, soit enfin à supprimer plus ou moins cette consonne ou à rendre son articulation trop retentissante.

Il a pour cause également la mauvaise habitude que dans le bas âge on a laissé prendre aux enfants. Comme la définition que nous avons donnée du grasseyement comprend toutes les altérations du son naturel de la consonne *R*, nous avons dû diviser ce vice de la parole en six espèces principales, qui diffèrent entre elles autant par le mécanisme défectueux qui les produit que par le son vicieux qui en est le résultat.

2° *La blésité gutturale* ou *blésité des chanteurs* qui se remarque surtout dans le chant et consiste à substituer une articulation à une autre ou à lui donner un son qu'elle ne représente pas. Elle est également caractérisée par la substitution de la lettre *t* aux consonnes gutturales *c* dur, *k*, *q*, et dans celle du *d* au *g* dur. La blésité gutturale se rencontre principalement dans les notes élevées, mais nous pouvons dire qu'en général la négligence à cet égard est déplorable. Les consonnes et les voyelles deviennent absolument méconnaissables ; c'est une série de notes qui enlèvent aux paroles toute leur physionomie et où prédominent exclusivement les sons *a* et *o*. La monotonie de ces voyelles qui apparaissent continuellement, outre qu'elle fatigue l'auditeur, irrite son esprit, qui ne trouve plus dans la représentation théâtrale qu'une longue énigme à deviner. Cette particularité est plus excusable chez les ténors, les soprani, que chez les barytons et les basses. En effet, il peut être difficile aux voix aiguës de prononcer purement les sons nasaux dans les notes élevées de la voix de tête ; de sorte que pour dire *main*, *matin*, ils disent, *ma*, *mata*. On peut expliquer cette blésité, en songeant que, pour articuler les syllabes nasales, l'air doit sortir par le nez, et comme, dans la voix de tête, le voile du palais paralyse cette sortie, la syllabe *in* peut prendre le son *a*, de même que le son *a* peut prendre à son tour celui de *in*, lorsqu'on veut le prononcer la bouche ouverte.

3° *Le zézeyement*, qui consiste à altérer les consonnes sifflantes *s*, *z*, *ch*, *y*, *x*, soit en y ajoutant le son de deux *l* mouillés et d'un *i*, soit en rendant trop fortes et trop retentissantes les articulations qu'elles représentent, de manière à produire une sorte d'empâtement désagréable.

4° *La lallation*, qui résulte de l'articulation vicieuse de la lettre *l*.

5° *La blésité des étrangers* ou accent national, provincial et populaire, est le résultat de la substitution d'une ou plusieurs articulations d'une langue aux articulations d'une autre langue, dans laquelle elles donnent un autre son.

6° *Le jotacisme des chanteurs*, qui comprend deux espèces de blésité qui consistent à donner au *j* et au *g* doux le son du *z* et de l'*s*, ou celui de cette dernière consonne à l'articulation représentée par le *ch*.

7° *Le sifflement dentaire;*

8° *L'empâtement buccal;*

9° *Le nasillement* qui a pour cause la résonnance dans les fosses nasales des sons articulés qui doivent s'arrêter dans la cavité buccale et y retentir.

De toutes ces anomalies de l'articulation le grasseyement est le plus fréquent, parce que l'articulation naturelle de la lettre *r* exige de plus grands efforts des muscles phonateurs que celle de toutes les autres lettres de l'alphabet. Dans la conversation ordinaire le grasseyement est un défaut désagréable, mais au théâtre il est insupportable; aussi ne le tolère-t-on guère que chez les artistes d'un talent remarquable et qui ont l'adresse d'en diminuer les fâcheux effets par la perfection de leur jeu et la beauté de leur voix.

Néanmoins si le grasseyement se rencontre fréquemment, nous devons dire que les autres anomalies de l'articulation dont nous avons fait plus haut l'énumération se retrouvent aussi dans une proportion assez notable et qu'il est à souhaiter que toutes ces irrégularités soient sévèrement appréciées par la critique comme par le public. L'imitation joue, d'ailleurs, un très-grand rôle dans la plupart de ces prononciations défectueuses, qui sont parfois de véritables vices de la parole. Personne n'ignore que c'est par cette cause, et non en vertu d'une prédisposition particulière, que dans certaines provinces on prononce les mots d'une manière plus ou moins irrégulière, avec des intonations plus ou moins désagréables.

L'imitation est un des secrets penchants de l'homme, et de tous nos organes, nul n'y est plus porté que celui de la parole ; c'est là un fait que tout le monde peut constater. Les habitants d'une même région, d'une même ville, les membres d'une même famille possèdent un accent qui leur est propre ; ce qui est plus curieux, deux individus de région absolument différente, dès qu'ils vivent ensemble, finissent par parler à l'unisson, et c'est alors l'accent le plus chantant qui l'emporte ; il arrive également, à un moment donné, que leur voix acquiert le même timbre. C'est cette propension à l'imitation qu'il importe de diriger dans le sens profitable à l'art et qu'il faut savoir prévenir et mettre en garde contre certains engouements regrettables.

Pourquoi, par exemple, entendons-nous souvent des acteurs d'un talent remarquable et dont nous sommes certes les premiers admirateurs, affecter au théâtre un certain nasillement qui presque toujours disparaît complétement dès qu'ils rentrent dans la vie privée ? On a prétendu que cette façon d'articuler les mots était de bon ton et avait un parfum de bonne compagnie. Nous sommes loin d'être de cet avis, et bon nombre de spectateurs ne le pensent pas non plus. Le nasillement, quel que soit notre respect pour les illustres maîtres qui ont pu en être affectés ou qui l'ont mis à la mode, le nasillement n'est pas et ne peut pas être assimilé au ton de la bonne société. C'est pousser trop loin le culte des talents que de vouloir les imiter jusque dans leurs défauts [1]. Au théâtre, le nasillement a pu être supporté dans le principe. Ceux qui en étaient affectés rachetaient cette anomalie de l'articulation par une valeur indiscutable et surtout par des qualités étonnantes d'expression et de mimique. Par égard pour les nombreuses qualités qu'il reconnaissait, le public complaisant a pardonné ce vice d'articulation ; le défaut, grâce à cette indulgence, est devenu pour ainsi

---

[1] Quand sur une personne on prétend se régler,
C'est par les beaux côtés qu'il lui faut ressembler;
Et ce n'est point du tout la prendre pour modèle,
Ma sœur, que de tousser et de cracher comme elle.
(MOLIÈRE, *Les Femmes savantes*, acte I, scène I.)

dire une qualité, et on en est venu à se persuader que pour parler avec un certain cachet, une certaine hauteur, il était bon de nasiller et de témoigner ainsi le respect dû aux bonnes traditions. En quoi l'art sérieux et élevé se trouverait-il compromis si, au lieu de s'en tenir à cette coutume, qu'on doit regarder comme une irrévérence, on l'abandonnait tout de bon pour en revenir à une diction nette, exempte de nasillement ? Est-ce que les artistes ne sentent pas d'ailleurs tout le ridicule qu'il y a à prendre ce ton d'emprunt, puisque beaucoup le quittent dès qu'ils ne parlent plus sur la scène ?

Dans un article intéressant sur l'art théâtral, M. Francisque Sarcey reproche aux artistes contemporains de manquer souvent de « *panache*. » Nous nous rangeons complétement à cette manière de voir, et nous pensons que l'éminent critique littéraire a eu raison de rappeler aux acteurs que sur la scène ils devraient apparaître avec toute la dignité qui convient aux rôles dont ils sont les interprètes. Cette expression, qui indique d'une façon pittoresque la distinction des manières que doivent prendre les acteurs dans la tragédie et la haute comédie, est pour les connaisseurs le mot vrai de la situation. Ce que chacun de nous sentait obscurément a été fort heureusement formulé; ce que M. F. Sarcey appelle *le panache* doit se retrouver non-seulement dans l'attitude, la tenue, la physionomie, mais aussi dans l'articulation sonore et facile des mots. Cette articulation n'aura ces qualités qu'autant qu'elle sera conforme aux préceptes orthophoniques.

Il est encore d'autres défauts d'articulation auxquels on ne donne pas parfois assez d'attention. — Ainsi, en supprimant la blésité gutturale, on aplanira les difficultés que les artistes éprouvent pour l'articulation nette des paroles dans la voix chantée. Le mécanisme de l'articulation des lettres consonnes, le jeu des différentes parties de la bouche pour transmettre aux sons la valeur-voyelle qui donne de la chair et de la vie aux mots, ne seront plus un embarras pour eux, par l'étude de notre méthode.

Madame Miolan-Carvalho, qui occupe une des premières places parmi nos plus éminentes cantatrices, a parfaitement compris, par une heureuse intuition, le rôle de la parole dans la voix chantée. Madame Carvalho est arrivée à une rare netteté de l'articulation des consonnes, et sur la scène lyrique elle fait converger ses efforts vers l'alliance d'une diction pure avec la mélodie.

Ponchard, dans sa classe de chant, adressait à ses élèves de continuelles recommandations à ce sujet.

Nous avons trouvé dans nos études

spéciales sur l'orthophonie et sur le jeu des organes vocaux, ainsi que dans notre expérience pratique, les principes propres à diriger sincèrement et méthodiquement l'éducation orthophonique de la voix parlée et chantée. Les succès obtenus par l'application de notre méthode dans plusieurs établissements de l'Etat nous autorisaient à donner à notre enseignement l'extension légitime qu'il comporte, dans ses applications préparatoires à l'art de la diction.

Ainsi donc, pour nous résumer : le cours d'orthophonie au Conservatoire diffère essentiellement des classes de chant et de déclamation. — Il a été fondé dans le but de surmonter les obstacles qui arrêtent un certain nombre de jeunes artistes au seuil de leur carrière, et pour satisfaire à un intérêt réel, d'une manière vraiment pratique.

Les professeurs du Conservatoire de Paris à qui leur talent a valu une célébrité méritée verront, nous l'espérons, dans le cours d'orthophonie, une sorte de classe préparatoire et auxiliaire permettant aux élèves, que nous avons divisés en trois catégories, de profiter plus sûrement des leçons de déclamation et de chant qui leur sont données.

Débarrassés des vices de prononciation qui rendaient leur audition pénible ; connaissant le fonctionnement de tous les organes de l'appareil vocal, dans la parole et dans le chant; instruits du mécanisme normal et orthophonique des sons voyelles et des sons consonnes ; mis en garde contre les excès vocaux, ces élèves pourront arriver sans encombre au but qu'ils se sont assigné.

C'est notre ambition de contribuer dans la mesure que comporte notre enseignement, à leur faciliter l'accès de cette carrière, dans laquelle ils seront dirigés par les premières illustrations artistiques de notre pays.

PUBLICATIONS DU MÊME AUTEUR.

Eléments d'orthophonie (Bégaiement et Vices de la parole). — Asselin, libraire-éditeur.

De la musique dans ses rapports avec la santé publique. — Asselin, libraire-éditeur.

Du cours d'articulation dans l'enseignement des sourds-muets. — L. Larose, libraire-éditeur.

L'orthophonie prophylactique, dans l'enseignement primaire (conseils aux instituteurs laïques, congréganistes et ecclésiastiques). — Asselin, libraire-éditeur.

www.ingramcontent.com/pod-product-compliance
Lightning Source LLC
LaVergne TN
LVHW021725080426
835510LV00010B/1153